新中国城乡建设60年巡礼

（上）

本书编委会 编

中国建筑工业出版社
CHINA ARCHITECTURE & BUILDING PRESS

图书在版编目（CIP）数据

新中国城乡建设60年巡礼（上）／本书编委会编．—北京：
中国建筑工业出版社，2009
ISBN 978-7-112-11255-5

Ⅰ．新… Ⅱ．本… Ⅲ．城乡建设—概况—中国-1949～2009
Ⅳ．F299.2

中国版本图书馆CIP数据核字（2009）第154294号

责任编辑：唐　旭
责任设计：董建平
责任校对：兰曼利　陈晶晶

新中国城乡建设60年巡礼（上）

本书编委会　编

*

中国建筑工业出版社出版、发行（北京西郊百万庄）
各地新华书店、建筑书店经销
北京圣彩虹制版印刷技术有限公司制版
北京盛通印刷股份有限公司印刷

*

开本：880×1230毫米　1/16　印张：10 $^3/_4$　字数：692千字
2010年3月第一版　2010年3月第一次印刷
定价：188.00元（含光盘）
ISBN 978-7-112-11255-5
(18527)

《新中国城乡建设60年巡礼》
组委会及编委会名单

主编单位：

中华人民共和国住房和城乡建设部城市建设司

中华人民共和国住房和城乡建设部城乡规划管理中心

参编单位

（排名不分先后）

北京市住房和城乡建设委员会
天津市城乡建设和交通委员会
上海市城乡建设和交通委员会
重庆市城乡建设委员会
河北省住房和城乡建设厅
山西省住房和城乡建设厅
内蒙古自治区住房和城乡建设厅
辽宁省住房和城乡建设厅
吉林省住房和城乡建设厅
黑龙江省住房和城乡建设厅
江苏省住房和城乡建设厅
浙江省住房和城乡建设厅
安徽省住房和城乡建设厅
福建省住房和城乡建设厅
江西省住房和城乡建设厅
山东省住房和城乡建设厅
河南省住房和城乡建设厅
湖北省住房和城乡建设厅
湖南省住房和城乡建设厅
广东省住房和城乡建设厅
广西壮族自治区住房和城乡建设厅
海南省住房和城乡建设厅
四川省住房和城乡建设厅
贵州省住房和城乡建设厅
云南省住房和城乡建设厅
西藏自治区住房和城乡建设厅
陕西省住房和城乡建设厅
甘肃省住房和城乡建设厅
青海省住房和城乡建设厅
宁夏回族自治区住房和城乡建设厅
新疆维吾尔自治区住房和城乡建设厅
广东省深圳市人民政府
辽宁省大连市人民政府
浙江省杭州市人民政府
新疆石河子市人民政府
广西壮族自治区南宁市人民政府
山东省青岛市人民政府
海南省三亚市人民政府
山东省烟台市人民政府
江苏省扬州市人民政府
山东省威海市人民政府
浙江省绍兴市人民政府
江苏省张家港市人民政府
江苏省昆山市人民政府
山东省日照市人民政府
河北省廊坊市人民政府
江苏省南京市人民政府
陕西省宝鸡市人民政府

前　言

展开这部画卷，我们既为新中国成立之初城镇条件简陋、百废待兴的状况而慨叹，也为今天设施齐全、功能完善的人居环境而振奋！60年来，经过几代人持续不懈的艰苦努力，我国的城乡建设事业在探索中不断前进，城镇面貌的巨变是这一切最好的见证。

60年来，中国的城镇化水平从10.6%提高到45.7%，城市数量从132个增加到655个，大、中、小城市和小城镇协调发展的城镇体系正在形成。京津冀、长三角、珠三角等城市群从小到大；辽中和辽宁沿海、海峡西岸、成渝、长株潭、中原、武汉、北部湾、山东半岛、关中–天水等城市群快速成长，已经成为我国重要的经济增长极。

城乡建设事业快速发展的同时，自然和历史文化资源保护工作不断加强，国家历史文化名城、名镇、名村和国家级风景名胜区数量不断增多。节能减排力度逐渐加大，科技创新能力持续增强，建设资源节约型和环境友好型城镇的理念深入人心。城镇的市政公用基础设施日益完善、综合承载能力不断提高，数字化城市管理平台快速普及，城市应对突发事件和保障安全运营的能力得到改善。

城镇人居环境发生了翻天覆地的变化，城市环境从黄土露天、尘土飞扬到绿树成荫、环境整洁；安全、快速、便捷的道路交通网络初步形成，住房保障体系正在建立，与工业化伴生达半个世纪的棚户区正在消失。城市向我们展示生活将更加美好。

新中国城乡建设快速发展的过程是艰辛的，进步是显著的，成果是喜人的。60年来城乡建设事业所取得的辉煌成就必将为后人所铭记，为历史所铭记！

2010年2月23日

目 录

上册

前言

下册

前言

城市记忆——1950年代

◎ 1950年代天津市西大桥

◎ 1950年代天津市中山门

◎ 1959年国庆节期间天津市海河两岸

◎ 1950年重庆市的解放碑

◎ 1950年代内蒙古自治区包头市环城路

◎ 1950年代内蒙古自治区包头市城市一瞥

◎ 1950年代河南省郑州市二七塔

◎ 1950年代河南省郑州市街头

◎ 1950年代湖北省武汉市长江大桥建成之一

◎ 1950年代湖北省武汉市长江大桥建成之二

◎ 1950年代湖北省武汉市汉口码头

◎ 1950年代辽宁省大连市市区

◎ 1950年代辽宁省大连市中山广场

◎ 1950年代辽宁省丹东市燃气生产老场区

◎ 1950年代云南省昆明市百货大楼

◎ 1950年代新疆维吾尔自治区乌鲁木齐市红山

◎ 1950年代新疆维吾尔自治区乌鲁木齐市解放路

◎ 1950年代新疆维吾尔自治区乌鲁木齐市街景

◎ 1950年代新疆维吾尔自治区新疆医学院

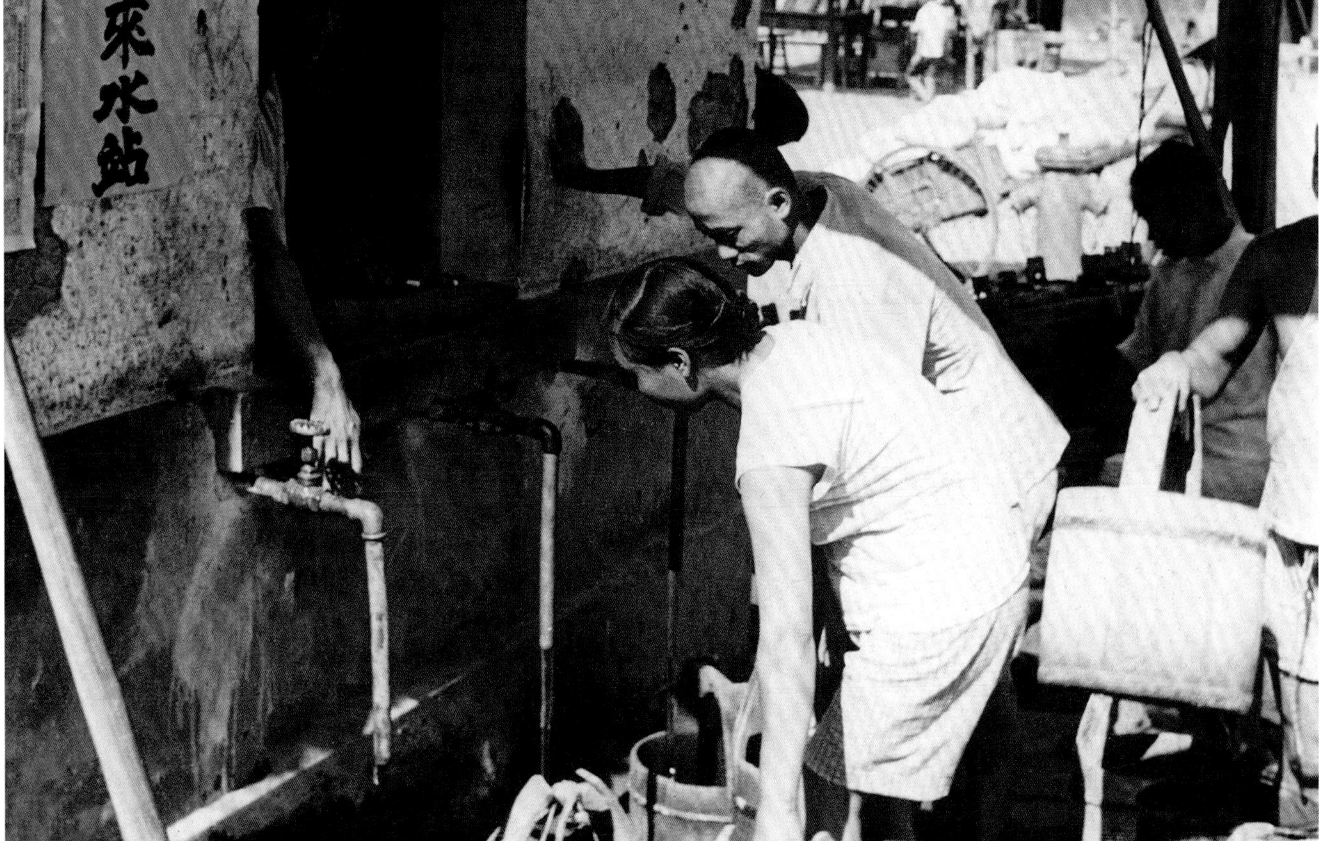

◎ 1950年代陕西省西安市供水场景

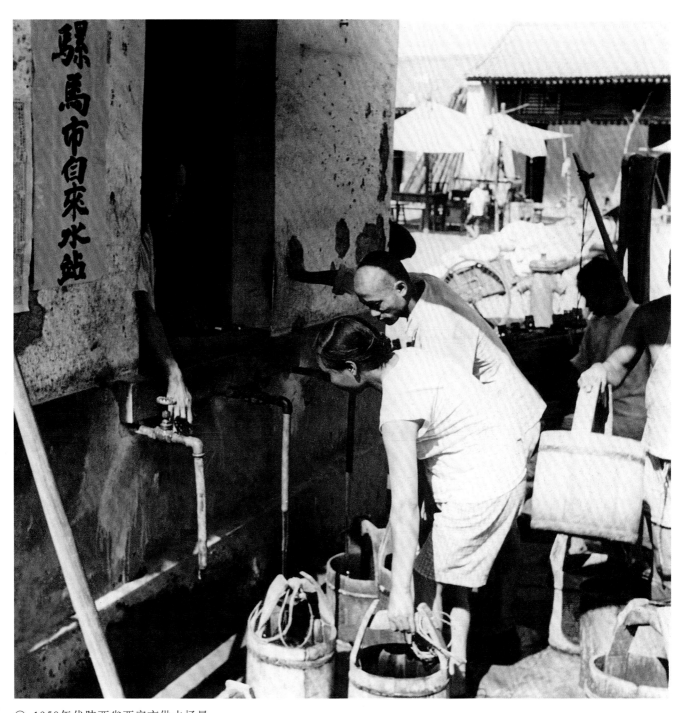

◎ 1950年代陕西省西安市东大街

◎ 1950年代山东省威海市威海湾

◎ 1950年代江西省鹰潭市街景

◎ 1950年代江西省南昌市街景

◎ 1950年代江西省九江市街景

◎ 1950年代江西省九江市评剧院

◎ 1950年代江西省景德镇概貌

城市记忆——1960年代

◎ 1960年代上海市秀江路

◎ 1960年代天津市劝业场

◎ 1960年代天津市西大桥

◎ 1960年代河南省郑州市概貌

◎ 1960年代新疆维吾尔自治区乌鲁木齐市新疆大学

◎ 1960年代陕西省西安市钟楼

◎ 1960年代陕西省西安市街景

◎ 1960年代广西壮族自治区柳州市全景

◎ 1960年代江苏省南京市北京东路

◎ 1960年代江西省九江市街景

城市记忆——1970年代

◎ 1970年代上海市浦东陆家嘴

◎ 1970年代上海市崇明县陈家镇民居

◎ 1976年震后天津市南京路

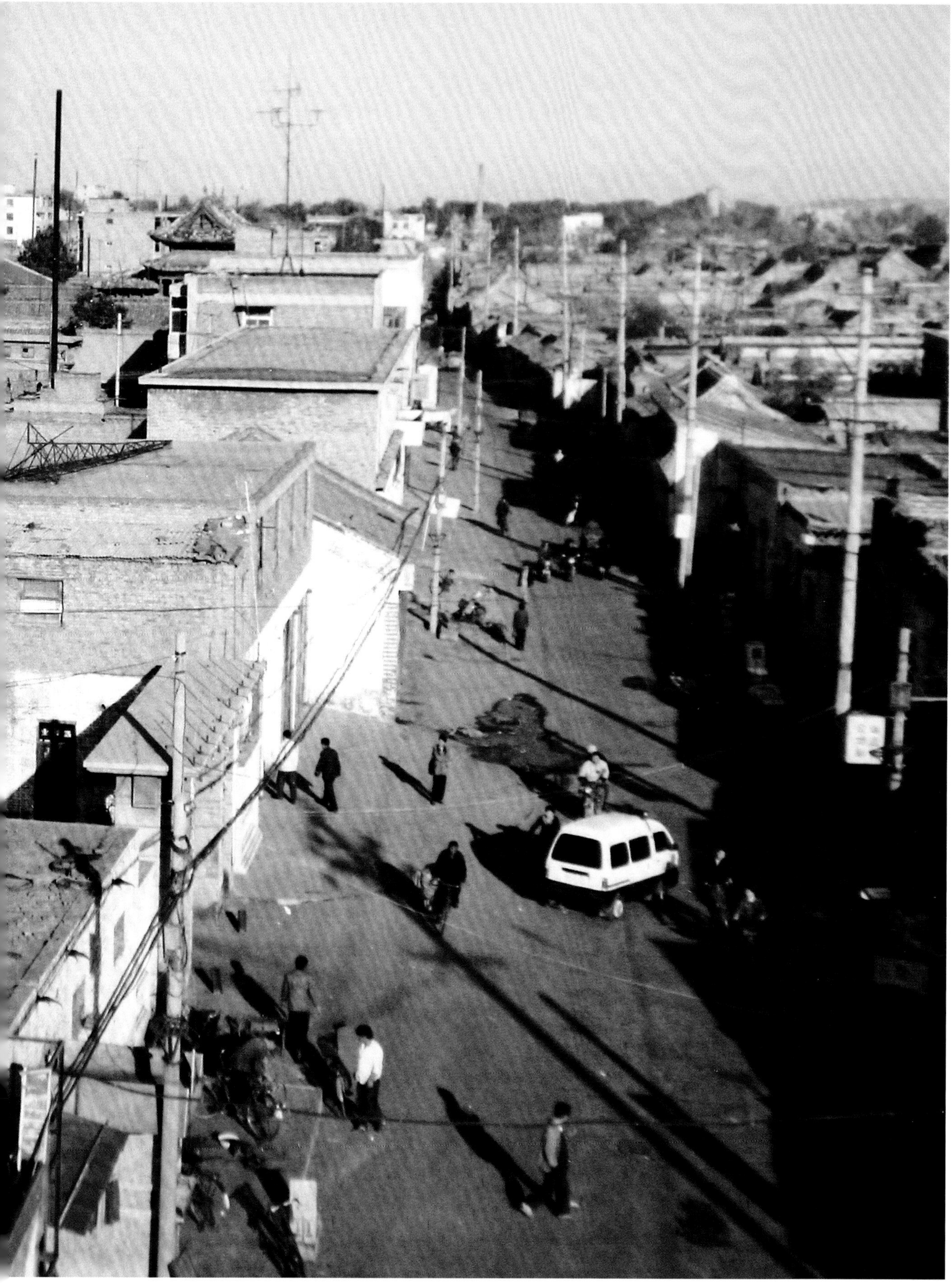

◎ 1970年代山西省晋中市街景

◎ 1970年代山西省晋中市居民院

◎ 1970年代山西省晋中市居民院

◎ 1973年湖北省宜昌市全景

◎ 1970年代四川省泸州市钟鼓楼

◎ 1970年代末四川省泸州市长沱两江交汇处环境

◎ 1970年代云南省宁洱县城

◎ 1974年陕西省延安市

◎ 1970年代广西壮族自治区柳州市柳江堤岸

◎ 1970年代福建省福州市江滨路

◎ 1970年代福建省厦门市鹭江路

◎ 1970年代福建省三明市江滨旧貌

◎ 1970年代江苏省张家港市谷渎港

◎ 1970年代江苏省南京市鼓楼广场

城市记忆——1980年代

◎ 1980年代北京市四合院

◎ 1980年代北京市广安大街旧貌

星光琴行
星光琴行
40

◎ 1980年代上海市闵行区浦江镇

◎ 1980年代天津市中心广场、海河湾鸟瞰

◎ 1980年代天津市水上公园

© 1980年代天津市蝶桥

Mobil

◎ 1980年代内蒙古自治区包头市

◎ 1980年代内蒙古自治区呼和浩特市新华大街

◎ 1980年代内蒙古自治区呼和浩特市新城东街

◎ 1980年代内蒙古自治区呼和浩特市中山西路

◎ 1980年代河南省郑州市电信大楼

◎ 1980年代河南省郑州市

◎ 1980年代河南省郑州市金水路

◎ 1984年湖北省宜昌市全景

◎ 1980年代黑龙江省伊春市街景

◎ 1980年代吉林省白山市概貌

◎ 1980年代辽宁省大连市友好广场

◎ 1980年代辽宁省大连市市区

◎ 1980年代辽宁省大连市星海公园

◎ 1980年代辽宁省大连市人民广场

◎ 1980年代辽宁省大连市中山广场

◎ 1980年代辽宁省盘锦市石油大街西段

◎ 1982年四川省雅安市全景

◎ 1980年代云南省昆明市东风广场

◎ 1980年代云南省昆明市东风东路

◎ 1980年代西藏自治区拉萨市全景

◎ 1980年代新疆维吾尔自治区乌鲁木齐市

◎ 1980年代新疆维吾尔自治区乌鲁木齐市钱塘江路

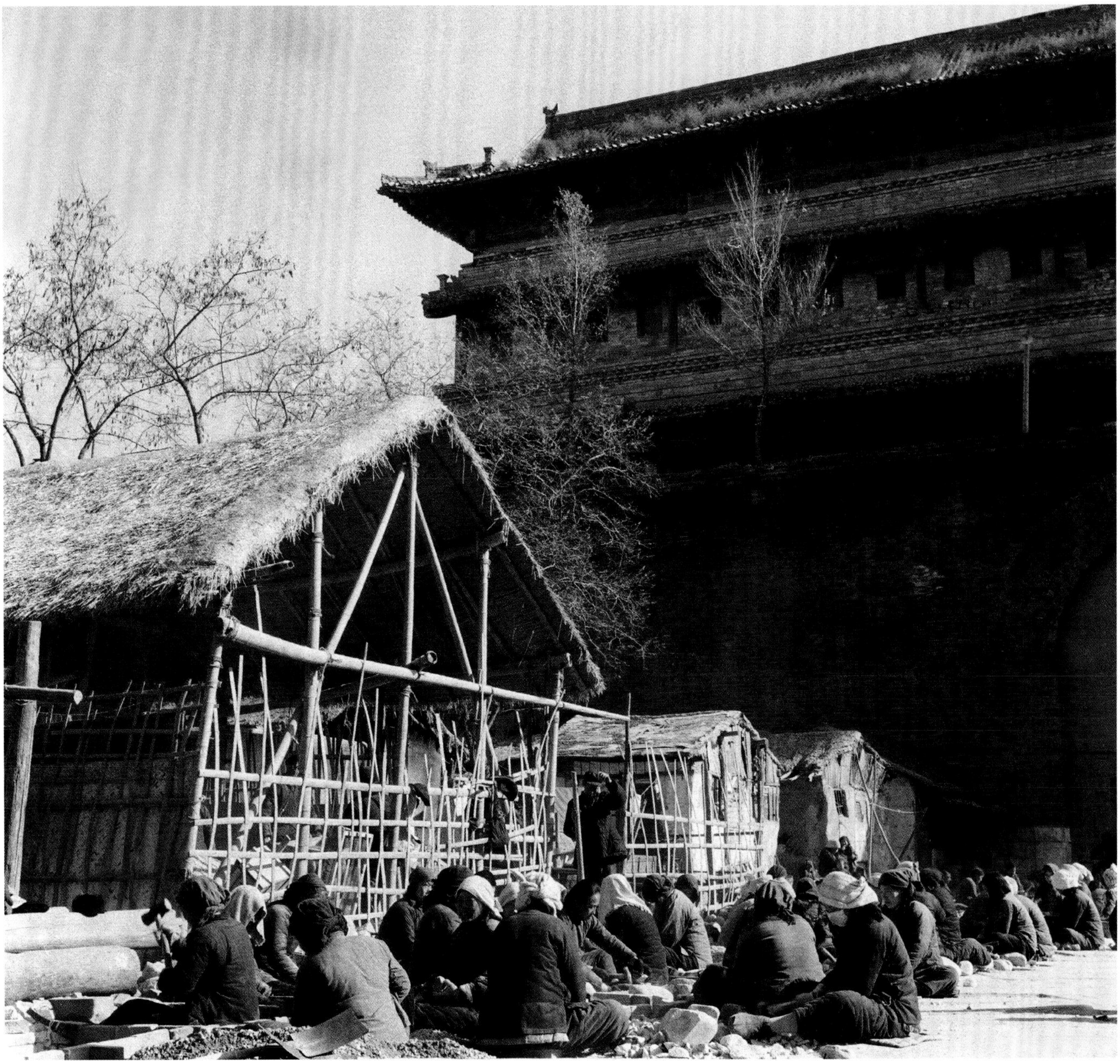

◎ 1980年代陕西省西安市东门里

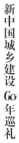

◎ 1980年代陕西省延安市

◎ 1980年代广西壮族自治区桂林市中山路

◎ 1980年代江苏省兴化市八字桥

◎ 1980年代江苏省南京市火车站

◎ 1980年代江苏省南京市新街口

◎ 1980年代江苏省太仓市人民路

◎ 1980年代江苏省张家港市杨舍西街

◎ 1980年代江苏省张家港市沙洲中路

◎ 1980年代江苏省南通市南公园桥及周边面貌

◎ 1980年代江苏省泰州市

◎ 1980年代福建省南平市

◎ 1980年代福建省漳州市

◎ 1987年山东省威海市威海湾

◎ 1980年代山东省威海市

◎ 1980年代江西省赣州市南门广场

新中国城乡建设60年巡礼

◎ 1980年代江西省宜春市秀江两岸概貌

◎ 1980年代江西省九江市街景

城市记忆——1990年代

◎ 1999年北京市东长安街

◎ 1992年北京市西二环路

◎ 1990年代初天津西大桥片区

◎ 1993年上海市浦东

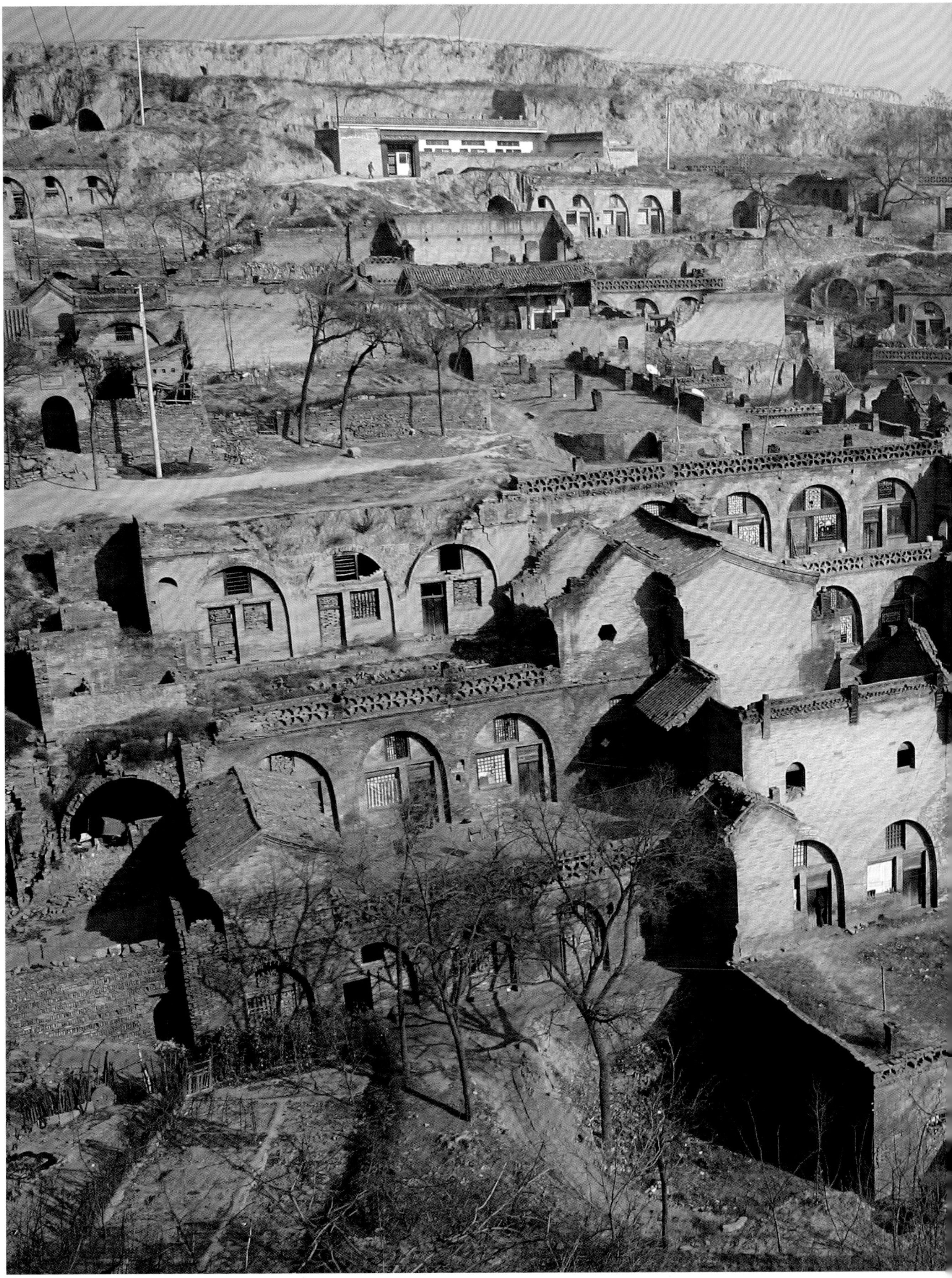

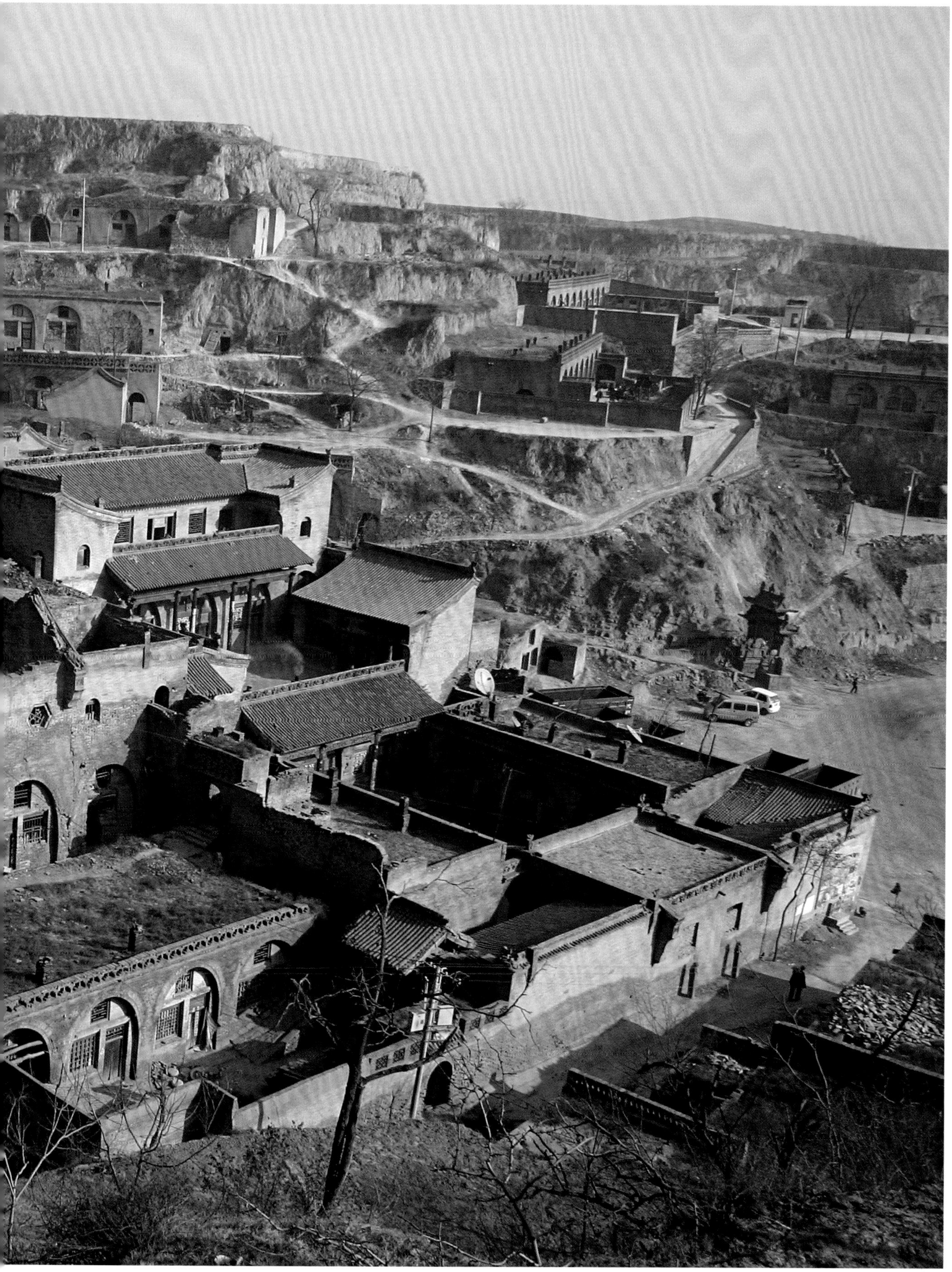

◎ 1990年代山西省临汾市汾西县师家沟村

◎ 1990年代河南省开封市书店街

◎ 1999年辽宁省盘锦市建设世纪广场

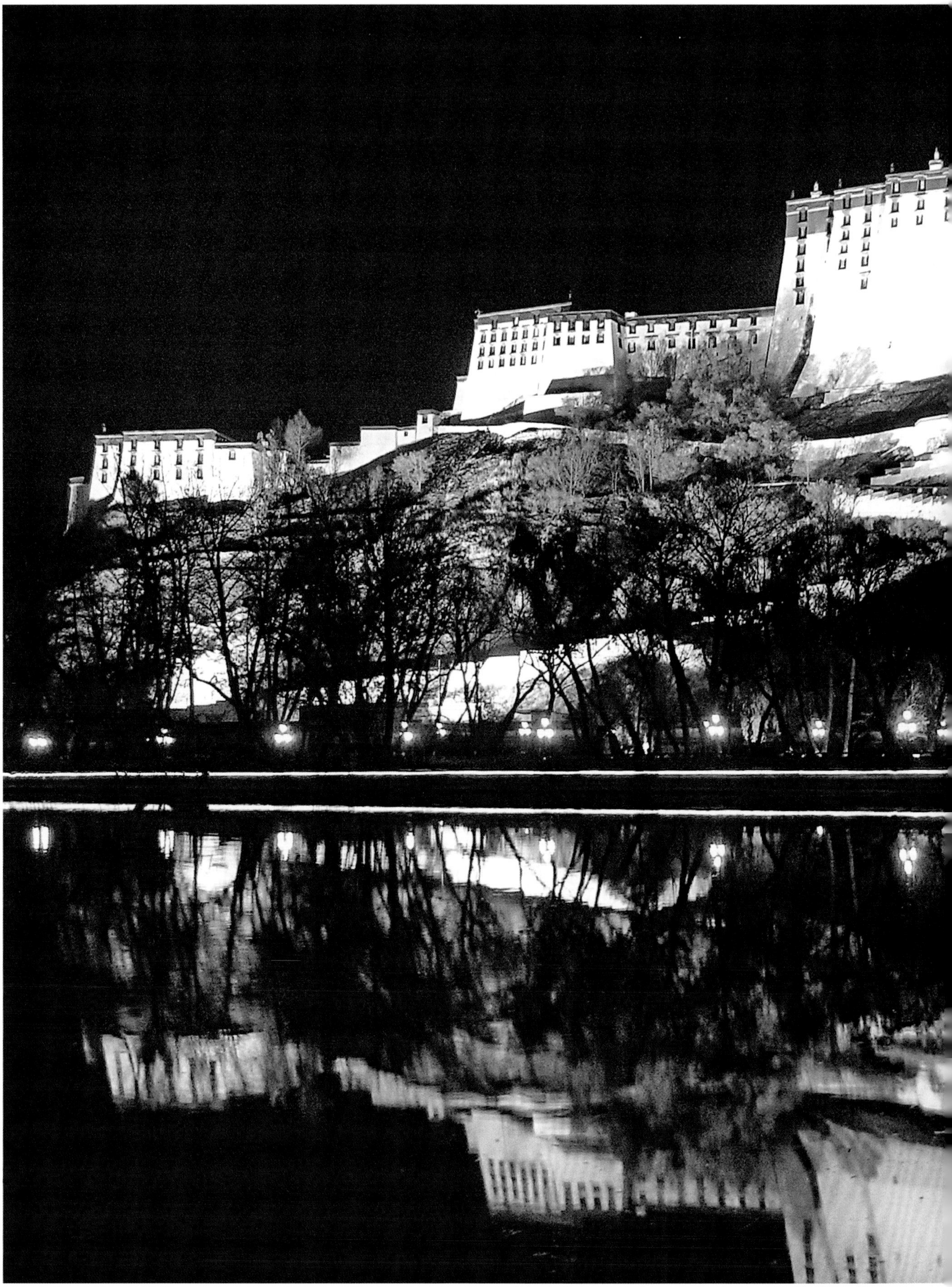

◎ 1990年代西藏自治区拉萨市布达拉宫夜景

◎ 1990年代初新疆维吾尔自治区乌鲁木齐市城市夜景

◎ 1990年代中期新疆维吾尔自治区乌鲁木齐市城市面貌

◎ 1990年代末新疆维吾尔自治区乌鲁木齐市初雪的红山

◎ 1990年代新疆维吾尔自治区乌鲁木齐市人民路金融一条街

◎ 1990年代陕西省延安市

◎ 1994年广西壮族自治区南宁市琅东面貌

◎ 1997年广西壮族自治区南宁市朝阳溪

◎ 1995年江苏省太仓市人民路

◎ 1996年江苏省盐城市大桥

◎ 1990年代福建省福州市三县洲大桥

◎ 1995年江苏省太仓市人民路

◎ 1990年代山东省青岛市小鱼山街区

◎ 1990年代广东省深圳市